Pour tous les enfants qui aiment les histoires rigolotes.

Le Code de la propriété intellectuelle interdit les copies ou reproductions destinées à une utilisation collective.

Toute représentation ou représentation intégrale ou partielle faite par quelque procédé que ce soit, sans le consentement de l'Auteure ou de ses ayants droits est illicite et constitue une contrefaçon sanctionnée par les articles L335-2 et suivants du Code de la propriété intellectuelle.

Loi n° 49-956 du 16 juillet 1946 sur les publications destinées à la jeunesse.

Editeur : Books on Demand GmbH, 12/14 rond-point des Champs Elysées, 75008 Paris, France
Impression : Books on Demand GmbH, Norderstedt, Allemagne

Dépôt légal : Mai 2018

Illustrations et photos de Fotolia

LE CHAT QUI VEUT ALLER A L'ECOLE

Le chat qui veut aller à l'école

Dans un tout petit village, il y a une toute petite rue. Dans cette toute petite rue il y a une toute petite maison dans laquelle vit Lio une toute petite fille.

Un tout petit chaton, que son tout petit papa a trouvé sur un rocher au milieu de la rivière, est son ami.

On voit ses os à travers sa peau tant il est maigre. Elle l'appelle Osselet.

En lui donnant du lait, beaucoup de lait, de l'amour, beaucoup d'amour, Osselet devient grand et fort.

Depuis, Lio et lui sont les meilleurs amis du monde.

Quand Lio fait ses devoirs, il pose ses pattes sur le bureau

Il joue avec les crayons, marche sur ses cahiers, tourne les pages du livre de lecture.

Lio lui demande d'arrêter de faire le pitre, car elle ne peut pas travailler.

- Miaou – Miaou ! Répond-il en lui léchant le bout du nez avec sa langue râpeuse.

Ça la fait rire.

- Je dois terminer mes devoirs, laisse-moi tranquille ! Insiste-t-elle.

Osselet ronronne de plaisir.

Tous les matins, avec un air triste, derrière la fenêtre, il la regarde se rendre à l'école, son cartable sur le dos.

« J'aimerais aussi aller à l'école » ! pense-t-il

Même si Lio lui explique souvent que l'école est réservée aux enfants, il fait malgré tout plusieurs tentatives pour s'y rendre : un jour il part avant elle et l'attend devant le portail. Elle lui ordonne de rentrer à la maison.
Une autre fois, il patiente dans la cours. Lio le gronde et il repart. Une fois encore, il se déguise en petit garçon avec les vêtements du papa. Lio le reconnaît tout de suite grâce aux moustaches. Elle éclate de rire, lui fait un bisou sur la truffe, lui demande ensuite de faire demi-tour.

A chaque fois, Osselet s'en va en pleurant.

«Mais pourquoi je ne peux pas aller à l'école ? se demande-t-il « J'aimerais tant savoir lire et écrire ! »

Il s'assoit sur son coussin douillet et réfléchit.

Euréka ! J'ai trouvé !

Lio rentre de l'école, et commence à faire ses devoirs.
Il grimpe sur le bureau, s'installe dans le coin gauche. Sans attendre il saisit un crayon et de manière naturelle, commence à faire des gribouillis sur une feuille.

Lio, étonnée, lui propose :
- Osselet ! Aimerais-tu savoir lire et écrire ?

En entendant cette proposition, il saute de joie, tourne sur lui-même, fait des galipettes avant et des pirouettes arrière en poussant des miaulements de bonheur.

- Calme-toi ! Osselet. Assieds-toi à côté de moi et recopie ce que j'écris ! Tu vas voir c'est facile !

Il s'applique. Fais des O bien ronds, des I bien droits, des D bien bombés, des J bien longs, des M avec trois jambes et ainsi de suite.

En trois leçons, Osselet apprend à lire et à écrire correctement.

C'est un chat très intelligent.

- Tu es un petit génie Osselet ! Je suis fière de toi ! Es-tu d'accord pour m'aider à faire mes devoirs ?
- Miaou ! Miaou ! s'écrie-t-il
- Je fais les mathématiques et toi le français ! D'accord ?

Il pousse des Miaaaaouuuuuu de joie.

Le lendemain matin, une belle surprise attend Osselet.

Lio le cache dans son cartable puis lui fait quelques recommandations :

- Personne ne doit savoir que tu m'accompagnes, tu te fais le plus discret possible ! Est-ce bien compris ? Sinon je risque d'être punie !

En classe, la maîtresse corrige les mathématiques.

- C'est bien Lio, tous tes exercices sont justes ! Par contre ton écriture est toujours aussi mauvaise ! Applique-toi ! Sinon la prochaine fois je t'enlève deux points ! Tu écris comme un chat !

Osselet se moque doucement d'elle en poussant un léger miaulement, ce qui lui vaut une petite tape sur la tête de sa part.

- Dis-moi ! Lio, quelqu'un t'a-t-il aidé pour ce travail ?

Elle baisse la tête, gênée.

- Non ! répond-elle honteuse de mentir ainsi.

- Tu devais être bien en forme, ton écriture est très appliquée. Félicitations. Tu as une très bonne note !

Osselet entendant ces éloges lance des « miaou » de fierté.

Les élèves éclatent de rire !

- Qui a miaulé ainsi ? demande la maîtresse en fronçant les sourcils.

Grand silence... On entend une mouche voler...

- Si personne ne se dénonce, je punis toute la classe ! dit-elle sur un ton ferme.

Osselet, par souci de justice, sort du cartable s'assoit sur les genoux de Lio et miaule de bonheur.

Les élèves sont saisis d'un fou rire.

La maîtresse surprise, fronce les sourcils en s'adressant à Lio :

- Pourquoi ton chat est-il ici ?

Lio rougit et explique qu'elle lui apprend à lire et à écrire parce qu'il rêve de venir à l'école, et que c'est lui qui a fait l'exercice de Français.

- Ahhhh ! Soupire la maîtresse, je comprends pourquoi les écritures sont différentes !

Puis s'adresse à Osselet en ces termes :

- Je te félicite Osselet ! Tu écris très bien ! Je t'autorise à venir en classe tous les jours ! Tu aideras certains élèves à bien former leurs lettres.

Osselet lance des Miaou de contentement, de satisfaction...

Heureux et fous de bonheur, Lio et Osselet rentrent à la maison.

Le lendemain matin Osselet peigne son pelage, lisse ses moustaches, lave ses pattes, essuie son museau plein de lait !

Il est beau comme un prince !

Lio est fière de son petit minet !

Les voilà partis tous deux, côte à côte en direction de l'école.

Quelques années plus tard...

Osselet est maître d'école, et Lio continue à apprendre à écrire aux chats.

DU MEME AUTEURE

RECUEILS DE NOUVELLES

Sentiments Intemporels
Janvier 2018

Les Voyages
Janvier 2018

Joyeuses Nouvelles
Février 2018

CONTE POUR ENFANTS

Paki
Le risque-tout
Mars 2018